एहसास

सीमा गर्ग

BlueRose ONE
Stories Matter
New Delhi • London

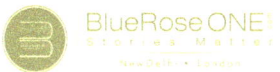

BLUEROSE PUBLISHERS
India | U.K.

Copyright © Seema Garg 2024

All rights reserved by author. No part of this publication may be reproduced, stored in a retrieval system or transmitted in any form or by any means, electronic, mechanical, photocopying, recording or otherwise, without the prior permission of the author. Although every precaution has been taken to verify the accuracy of the information contained herein, the publisher assumes no responsibility for any errors or omissions. No liability is assumed for damages that may result from the use of information contained within.

BlueRose Publishers takes no responsibility for any damages, losses, or liabilities that may arise from the use or misuse of the information, products, or services provided in this publication.

For permissions requests or inquiries regarding this publication, please contact:

BLUEROSE PUBLISHERS
www.BlueRoseONE.com
info@bluerosepublishers.com
+91 8882 898 898
+4407342408967

ISBN: 978-93-6261-267-0

Cover Design: Sadhna Kumari
Typesetting: Pooja Sharma

First Edition: May 2024

"लेखिका के बारे में"

"कविताओं के रुप में कुछ मोती बिखरे पड़े थे, उन्हें भी अब सुन्दर डोरी मिल गयी हैं।"

पढ़ाई के क्षेत्र में मैनें विज्ञान से स्नातक और समाज शास्त्र से स्नातकोत्तर में पदवी हासिल की। कविता लिखने का शौक हैं। 2011 में श्री श्री रविशंकर जी द्वारा चलाई जाने वाली संस्था 'आर्ट ऑफ लिविंग' से जुड़ने का मौका मिला। उनके ज्ञान को लोगों तक पंहुचाने का माध्यम बनकर जीवन सफल हो रहा हैं। मन में एक शांति और सुकून की अनुभूति हैं।

'एहसास' कविता–संग्रह मेरी प्रथम किताब हैं। और भी आगामी कविता–संग्रह जल्दी ही आप तक पहुचनें को आतुर हैं।

सीमा गर्ग

प्रतिकिया भेजे : email: seemaseema2110@gmail.com

"चित्रकार के मुख से"

कविता तुम्हारी चित्र हमारें........

यह वाक्य मेरी छोटी बहिन सीमा और मेरे मिले जुले प्रयास के लिये हैं।

सीमा जब 18 साल की थी, तब उसने पहली कविता लिखी थी। उसके बाद यह सिलसिला अभी तक ज़ारी हैं। कभी–कभी एक दिन में दो–तीन कवितायें लिख लेती थी और कभी लंबा अंतराल हो जाता था। उसकी लिखी कविताओं में दिल को छू जाने वाले भाव होते हैं। कवितायें पढ़ने के बाद मैं अपने आप को रोक नहीं पाई और हर कविता को चित्रों में ढाल दिया।

उम्मीद हैं, हम दोनों बहिनों का मिश्रित प्रयास लेखन और चित्रण सभी को पसंद आएगा।

कोमल गुप्ता

अनुक्रमणिका

1 गुलाब..1

2 एहसास 3

3 थम जा....... ''लौकडाउन के वक्त'' 7

4. बेजुबानों की प्रार्थना....... ''लौकडाउन के वक्त''............9

5 ख्वाईश 13

6 तेरी निगाहें 15

7 आँखों की जुबाँ......................................17

8 तन्हा दिल..19

9 रात का इंतजार....................................21

10 चोट..23

11 पा...... ''पापाजी की याद में''.....................25

12 सुकून 29

13 आज की बेला....................................31

14 बूंद का वादा......................................35

15 अधूरा सफर......................................39

16 मेरा बचपन 41

Komal

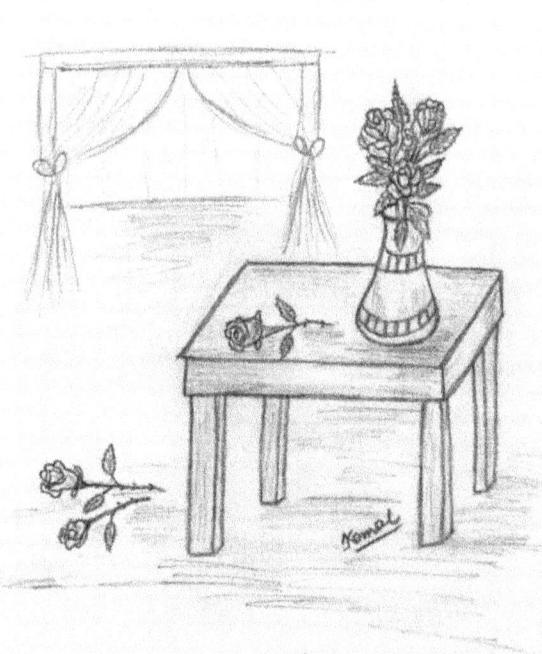

1 गुलाब

कितना बदनसीब है ये फूल गुलाब का—
अपना बचपन कांटों मे बिताकर
जब यौवन को प्राप्त कर लेता है,
तब—
सब उसे चाहते है, चूमते है
प्यार करते है।
अपने कमरे को उससे सुशोभित करते हैं
परन्तु चन्द दिनों बाद
जब उनकी निगाहें—
दुबारा अपने चमन में जाती है,
जब उनकी नजरें—
भरपूर यौवन प्राप्त अन्य गुलाब से मिलती है
तब—
वह बदल जाते है,
भूल जाते है उस गुलाब को....
नफरत हो जाती है उससे।
फेंक देते है उसे एक कोने में—
दे देते है नये गुलाब को अब—
उस गुलाब की जगह।
फिर नये गुलाब को—
चाहतें हैं चूमते हैं प्यार करते हैं
सच—
कितना बदनसीब हैं फूल गुलाब का।

Komal

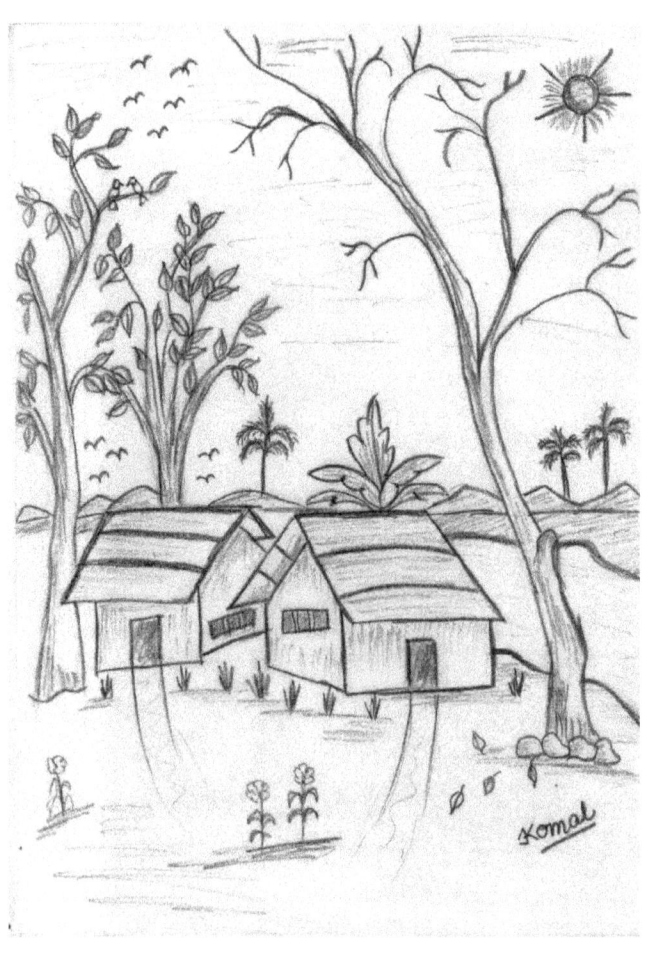

2 एहसास

आज मैने एक तरू को रोते देखा,
एकदम सूख चुका था वह।
बहुत ज्यादा गरीब हो गया था,
तन ढकने को एक पत्ती तक न थी,
कितना अहसाय हो चुका था वह।
मैनें उसकी जीवन—गाथा जाननी चाही,
एक सूनी हँसी हँसकर बोला—
हुँह, क्यों मुझ गरीब को सताते हो,
जाओ दूसरे चहचहाते तरू के पास—
मत छेड़ो मुझे।
उफ, कितना दर्द सह रहा था वह।
मेरे बहुत कहने पर
गहरी सांस छोड़ता हुआ बोला—
चन्द दिनों पहले—
जब मेरे बदन मे ताकत थी,
तो सब मेरे अजीज थे।
परन्तु अब—
जब मैं प्रौढ़ता को अग्रसर हूँ,
तो मेरी प्रिय दोस्त ये पत्तियाँ—
वो भी तो अब बेवफा बन गई हैं।
मैनें महसूस किया—
कितना दुखी हो रहा था वह।

कुछ पल ठहर कर बोला–
आज अपने ही एक साथी को–
पत्तियों संग आमोद–प्रमोद करते देख
मुझे वह मोद पल याद आ गऐ।
हर घड़ी ये पत्तियाँ मेरी ही तो,
बाहुपाशों मे सिमटी रहती थी।
विहग भी तो अक्सर ही,
मेरा चुम्बन लिया करते थे।
वो प्यारी कोकिला मेरे करीब बैठकर,
हमेशा ही तो सुहाने गीत गुनगुनाती थी।
किन्तु अब–
ये सब मुझसे रूठ गये हैं,
मैं नहीं जानता मेरी ख़ता क्या है–
क्यों वो वेवफा बन गये हैं।
फिर एहसास होता है–
अब मेरे अठखेलियों के दिन कहाँ
मैं तो अब बूढ़ा हो चला हूँ।
अब तो समीर का मधुर स्पर्श भी,
जैसे काँटे भेद जाता हैं
गर कोई गर पिला दे बस–
यही एक आखिरी इल्तिज़ा है।
इतना कहकर मौन हो गया वह।
मैनें उसके विलोचनो मे झाँका–
उसमे से दो अश्क धीरे से लुड़क गये,
मैनें उसे और दुखी न करना चाहा,

वैसे भी—
कितनी वेदना सह रहा था वह।
पहली बार—
आज मैनें एक तरू को रोते देखा।

―――――――――――――――――――
प्रौणता—बुढ़ापा, समीर—वायु, गर—विष,
इल्तिजा—इच्छा, विलोचन—नयन

Komal

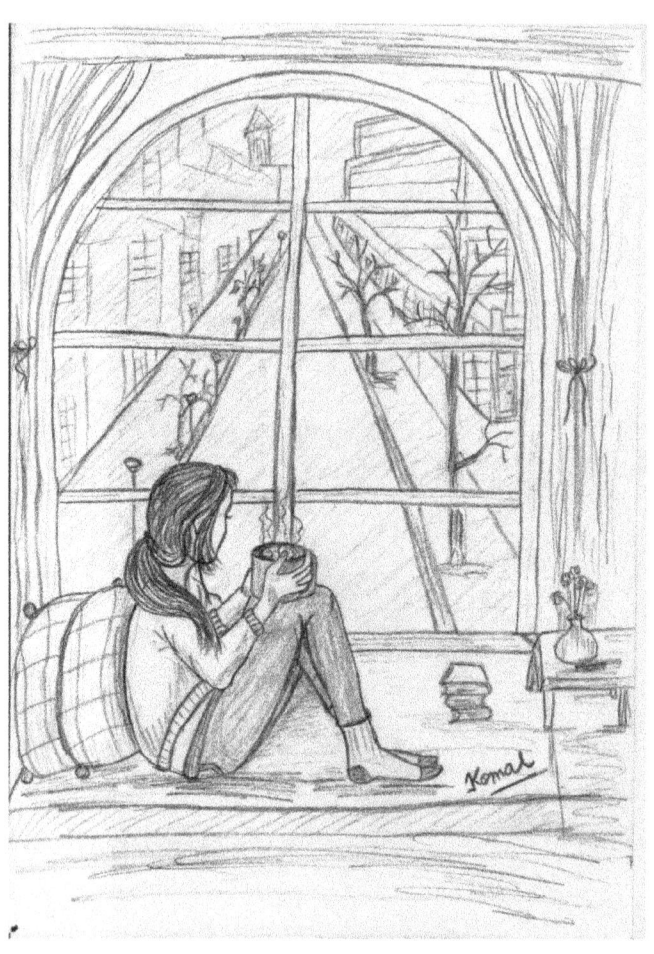

3 थम जा......"लौकडाउन के वक्त़"

थम गई गर दुनिया तो क्या!
चल तो रही हैं ज़िन्दगी,
गर–
चलती रहती, भागती रहती,
दुनिया यूँ हीं–
तो थम जाती खूबसूरत ज़िन्दगी।
यकीं हैं–
बीत जाएंगे ये क्षण, ये लम्हें,
और थमे हुए ये कुछ पल
देखेंगे मनमोहक नजारे फिर से–
प्रकृति संग गुनगुनाएगें हम कल।
बिनती हैं–
कदम घर पर रोक लेना तुम,
इस आशियानें मे ही रोज़–
उत्सव मना लेना तुम,
मत करो कोई शिकवा,
कोई शिकायत।
धन्यभागी हैं हम,
करो अपने से मोहब्बत
सच–
बहुत खूबसूरत हैं ये ज़िन्दगी,
आखिर चल तो रही हैं ज़िन्दगी।

Komal

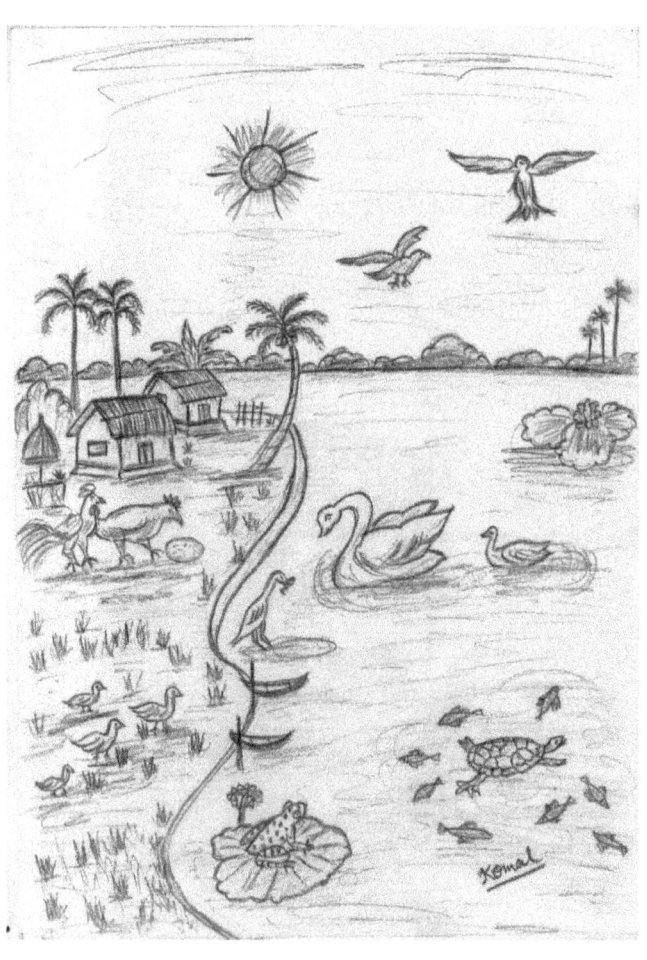

4 बेजुबानों की प्रार्थना......."लौकडाउन के वक्त"

भोर के होते ही–
चिड़े ने आँखे खोली
फिर दुबारा चादर मे दुबक गया।
चिड़िया प्यार से आकर बोली–
आज जगना नहीं हैं क्या?
इतनी सुबह हो गई–
दाना चुगने चलना नहीं हैं क्या!
चिड़ा धीरे से बुदबुदाया
न ही शोर हैं न चिल्लाहट,
लगता हैं सूरज जल्दी आ गया
गाड़ी के बजते हार्न, वो धुआँ कहाँ हैं!
बस्ते लेकर भागते बच्चें–
हास्यासन करते वृध्द कहाँ हैं!
चिड़िया बोली–
हैं तो अचम्भा!
चलो और साथियों से पूछते हैं ,
कहाँ ओझल हैं इन्सान सारे–
आखिर चलकर खोजते हैं।
फिर देखा–
थोड़ी दूर सड़क पर,
सपरिवार बत्तख़ चली जा रही थी
इतना सुन्दर जहाँ–

न डर, न बैचेनी—
मदमस्त झूमती जा रही थी।
अब सपरिवार बत्तख़ भी,
चिड़ा चिड़िया संग—
शामिल हो चलने लगी।
ओझल हुए इन्सान को—
हर जगह खोजने लगी।
कुछ कदम पर सरोवर का किनारा था,
मेंढक, मछली, कछुए—
बेख़ौफ खिलखिला रहे थे,
खेल रहे थे।
कितना सुन्दर नज़ारा था।
चिड़िया और बत्तख़ भी संग खेलने लगी
इधर उधर भागती—
कहकहे लगाने लगी।
कुछ पल यूं ही बीत गये,
फिर सब उदास हो गये।
सब बोले—
इन्सान के बिना नहीं कुछ मज़ा हैं,
हंस लो, चहक लो,
पर लगती ज़िन्दगी एक सज़ा हैं।
चलो न—
सब भगवान से प्रार्थना करते हैं,
हॉ! गुनाह किया है इन्सा ने—
हम उनकी माफ़ी मांगते हैं।

प्रकृति संग खिलवाड़–
वो दरख़्तों को काटना,
शानौ शौकत स्वाद के लिये–
हम बेजुबानों को मारना।
पर बहुत हुई सज़ा उनकी–
अब माफ़ कर दो।
बच्चों का चहकना, खेलना,
वो बुज़ुर्गों का कहकहे लगाना,
अब–
फिर से ये सुन्दर जहाँ कर दो।

Komal

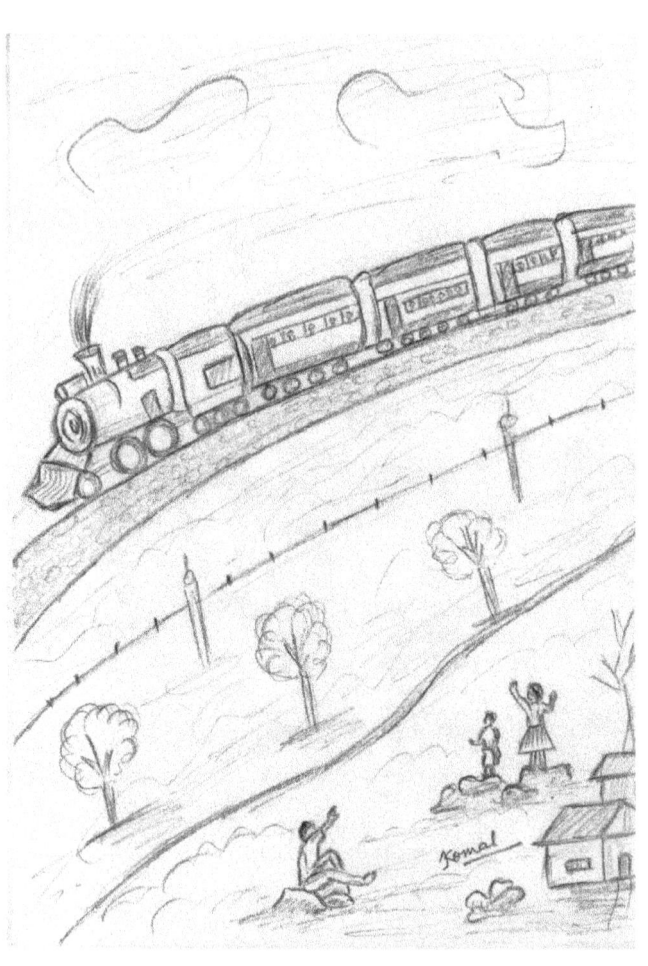

5 ख्वाईश

ट्रेन मे बैठे कुछ अजनबी
अंधेरे को चीरते हुये,
चुप्पी को भगाते हुये,
कम से कम कुछ देर—
साथ तो रहते हैं।
किसी न किसी विषय पर—
बहस करते हैं
और कभी किसी बात पर
ठहाके तो लगा लेते हैं।
देखो उधर—
तन पर चीथड़े लपेटे,
झोपड़ी से झांकती कुछ मासूम निगाहें
हमेशा ही जाती हुई ट्रेन को—
देखती रह जाती है।
पलक झपकते चली जाती है ट्रेन....
और वो नन्ही निगाहें
गरीबी को कोसती रह जाती हैं।
अजनबी का साथ पाने को तरस जाती हैं।
अक्सर ही दिल मे—
रह जाती है बस,
ट्रेन मे बैठने की ख्वाईश।

6 तेरी निगाहें

कल—
कितनी मासूम थी तेरी वो दो निगाहें,
जब तक मेरी निगाहों के—
दीदार न होते थे,
उन्हें सुकून न मिलता था।
रोज ही तो मिलती थी मुझसे
कितनी प्यारी थी तेरी वो दो निगाहें।
जब मेरी निगाहें उन निगाहों से—
टकराती थी
तब लगता था मानो—
कितनी चाहत है उन्हें मेरी निगाहों की,
कितनी चाहत भरी थी तेरी वो दो निगाहें।
पर आज—
क्या हो गया है तेरी उन निगाहों को!
क्यों कतराती है मुझसे मिलने को—
मै अपने को इसका दोषी समझती हूँ
पर जब सोचने बैठती हूँ—
समझ नहीं पाती हूँ दोष अपना,
मानती हूँ तब तुझे ही इसका दोषी
और कहती हूँ—
मेरी निगाहें तो बावफा रही—
पर—
कितनी बेवफा है तेरी वो दो निगाहें।

Komal

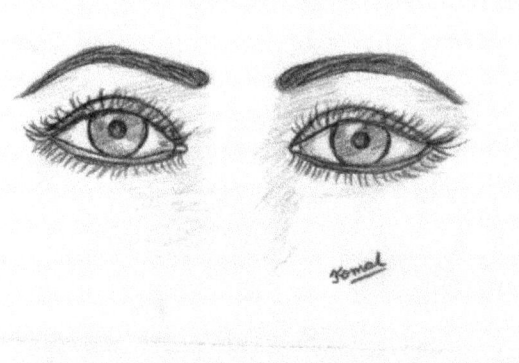

7 आँखों की जुबाँ

बेजुबान सी ये आँखे–
क्यों नहीं अब कुछ कहती हैं।
उन्हें क्या हो गया हैं!
क्या मुझे याद नहीं करती हैं।
मै हमेशा देखतीं हूँ–
कहते–कहते ये कुछ थम सी जाती हैं,
पर शायद नहीं–
लगता हैं–
मै ही ये जुबां भूल चुकी हूँ।

Komal

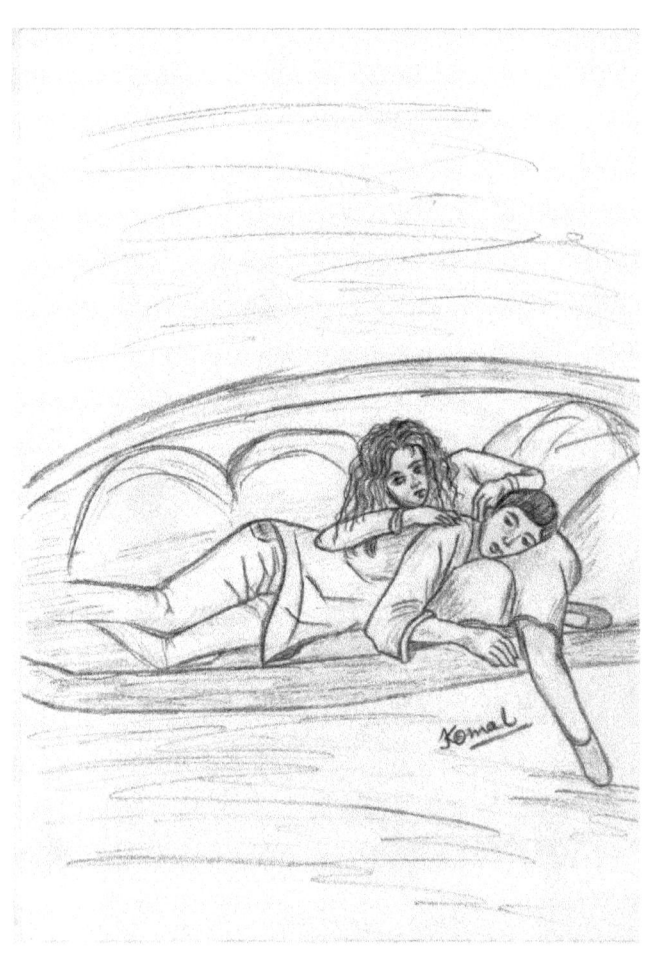

8 तन्हा दिल

रात भर तुम बेख़बर सोते रहे
क्यों थे इतने मजबूर!
रहकर भी हमारे करीब—
थे हमसे क्यों इतने दूर।
तुम्हारे प्यार का इंतजार था
सच—
ये दिल बड़ा बेकरार था।
तुम सोते रहे
और—
रात भर हम यूँ ही करवटें बदलते रहे।
तुम हो इतने पास,
ये हमें था अहसास
पर आँखों में नींद न थी—
और दिल था कितना उदास।
गुजर रहा था हर पल
हर घड़ी हर लम्हा।
साथ थे तुम पर फिर भी—
ये दिल था कितना तन्हा।
जगाना चाहते थे तुमको—
तुम जो करीब रहकर भी—
दूर थे,
करीब लाना चाहते थे तुमको।
पर तुम सोते रहे—
और—
रात भर हम यूँ ही गुनगुनाते रहे।

Komal

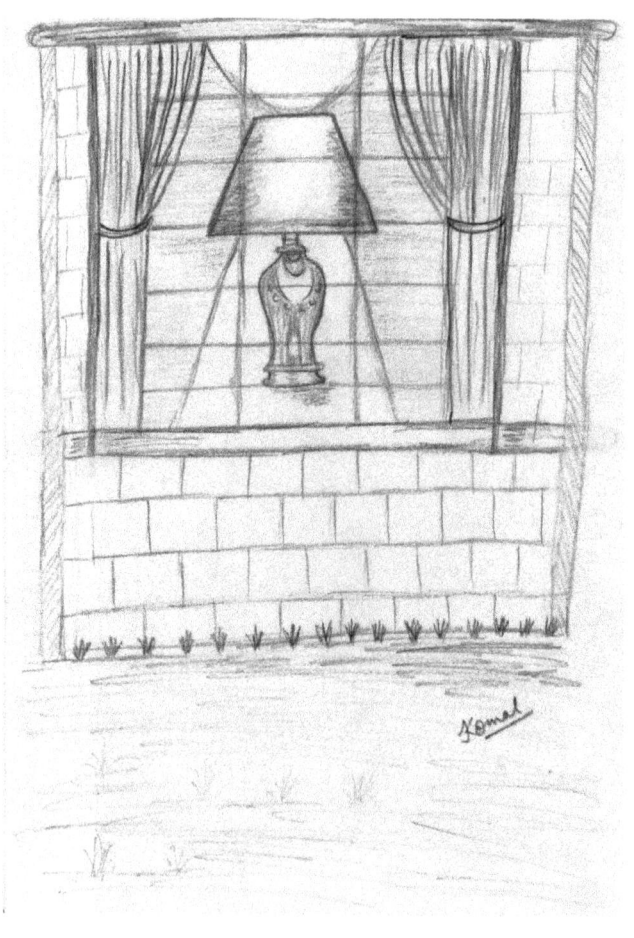

9 रात का इंतजार

एक टेबल-लैम्प...
बाहर के जानिब झांकता,
मौन रहकर करता रहता है इंतजार।
किसी साथी की याद में,
जलता रहता है रात भर।
रात के चन्द लम्हें–
बीत जाते है यादों में यूँ ही,
कोई भी तो नहीं आता,
उसके दिल को राहत दिलाने।
दूर से आती सुबह को देख–
फिर उदास हो जाता है।
उफ! नहीं आया आज भी वो–
बुझ जाता है इतना कहकर।
करने लगता है दुबारा –
दूसरी एक रात का इंतजार....

Komal

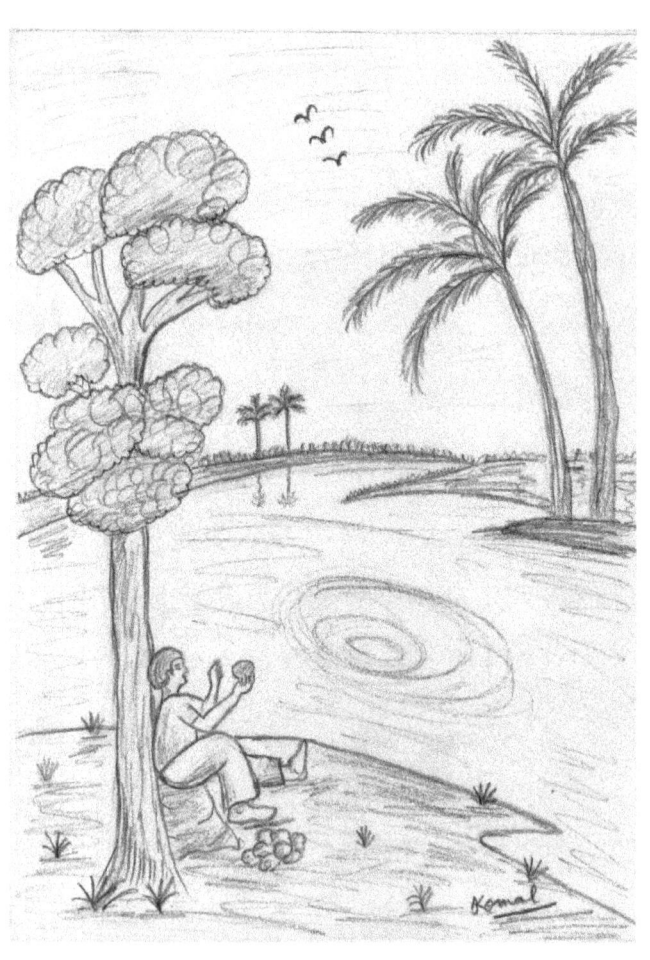

10 चोट

समुन्दर के किनारे बैठकर,
बेकसूर लहरों को—
आखिर पत्थर से क्यों मार रहे हो।
सहती रहेगी चुपचाप—
वह तुम्हारी चोट।
अपने मे समेटकर सारे पत्थर
दुबारा प्यार से—
तुम्हारे करीब आऐगीं।
वह नहीं थकेंगी—
तुम ही थककर गुस्सा थूक दोगे।
चल दोगे अन्त में—
थके कदमों से—
सुनसान रास्तों पर दुबारा......

Love You Papa
Komal

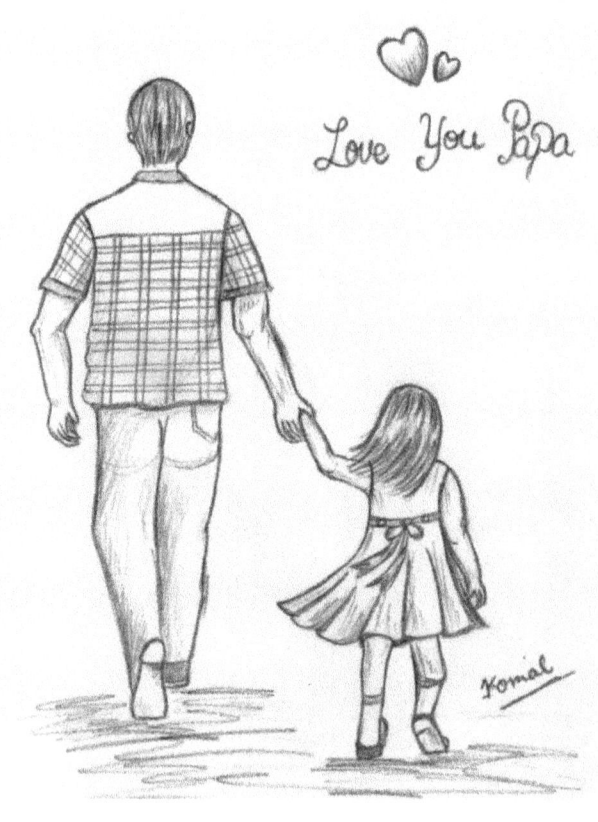

11 पा...... "पापाजी की याद में"

पा...
हर पल आपकी याद सताती हैं,
कभी मुस्कान व कभी—
अश्रु—धारा बह जाती हैं।
याद हैं हमें —
जब भी कदम डगमगाते थे—
आपने अंगुली थाम उन्हें आगे बढ़ाया था।
राह में गर कांटे आ जाते थे—
उन्हें बीनकर फूलो संग चलना सिखाया था।
पा—
हर पल आपकी याद सताती हैं,
आखिर क्यों जिन्दगी!
एक खालीपन सा कर जाती हैं।
उफ! होने से पहले ही—
आप परेशानी समझ जाते थे,
मन में चाह के उठते ही—
उसे समझ पूरी कर जाते थे।
संतुष्ट और खुशनसीब हैं हम—
बस यही सीख सिखाते थे।
सच पा—
हर पल आपकी याद सताती हैं,
आखिर क्यों जिन्दगी!

सूनी सी हँसी हसाती हैं।
जानते हो–!
कल पा ने आकर क्या कहा –!
मै तुम्हारे संग नहीं–
फिर भी सबके संग रहूंगा।
डगमगाते कदमों को थामता–
और चाहतों को पूरी करता रहूंगा।
बस गर्दन झुका के देख लो–
सबके दिलों में मुस्कराता रहूंगा।
हम सब हर पल साथ हैं–
मुस्कुरा के यहीं कहता रहूंगा।
पा–
हर पल आपकी याद सताती हैं,
कभी मुस्कान और कभी,
अश्रु–धारा बह जाती हैं।

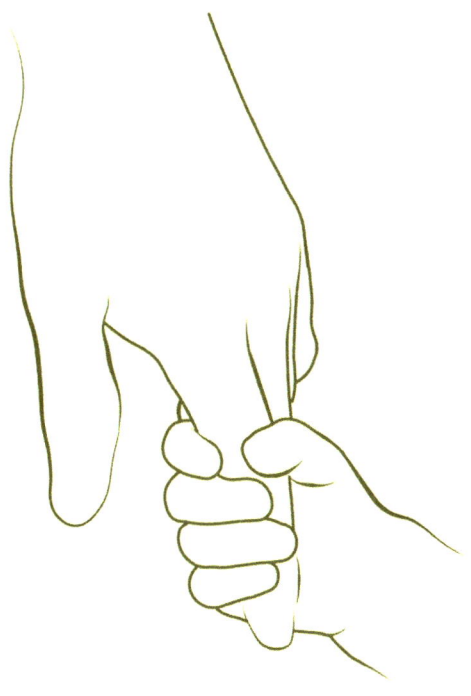

Komal

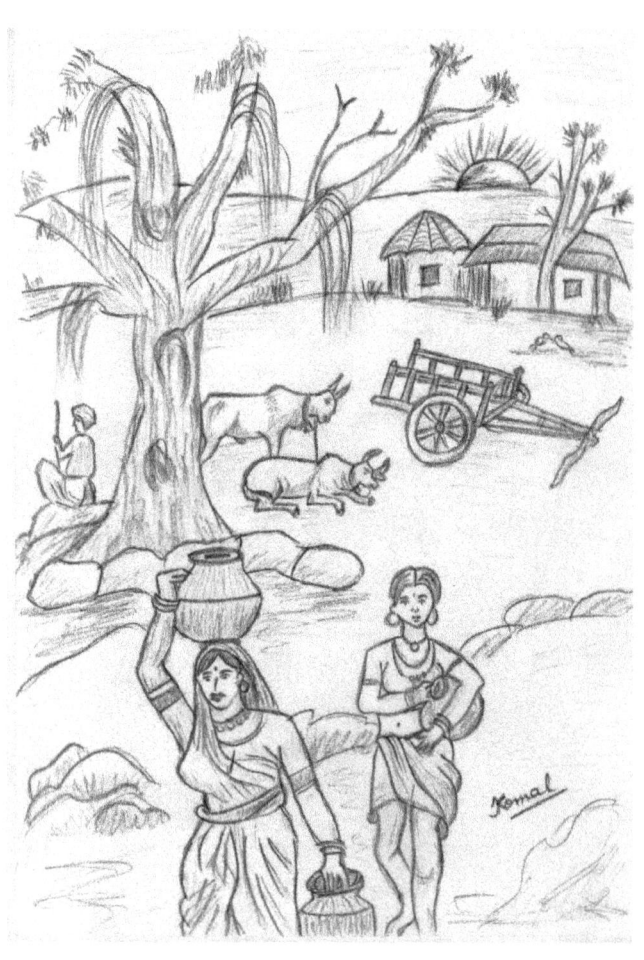

12 सुकून

एक सुबह उस गाँव में–
सदियों से खोया हुआ सूरज,
सुनहरी धूप बिखेरता हुआ–
जब –
एकाएक दबे पाँव वहाँ दाखिल हुआ...
तब–
उस सोये हुए गाँव ने,
तम के ताल से सिर निकाला–
और–
सुकून की साँस ली।

Komal

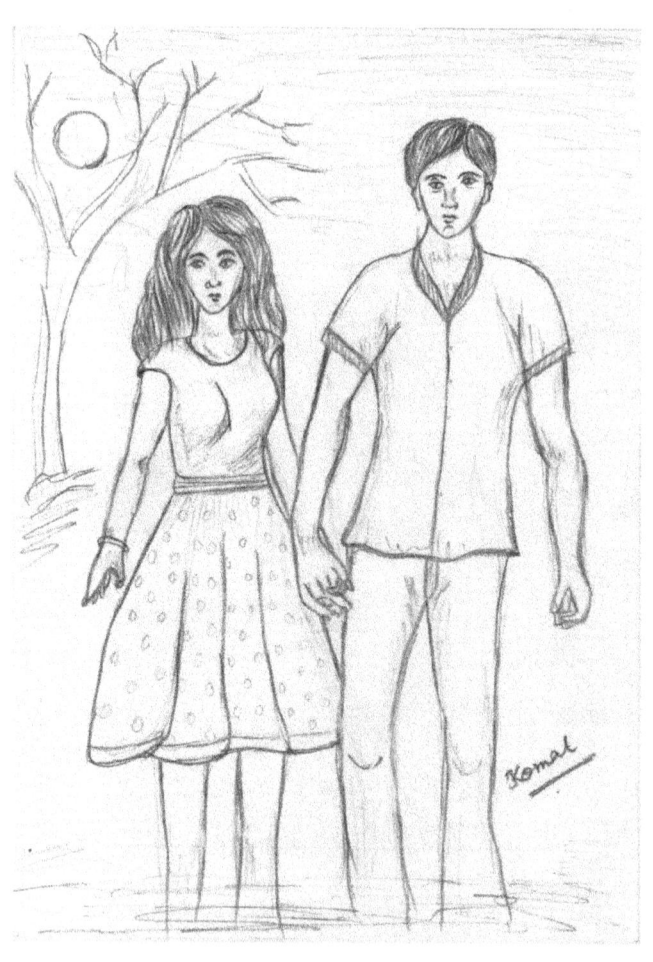

13 आज की बेला

कितनी हसीं और सुहानी–
आज की ये बेला है।
काश–
ये रात बस यूँ ही थम जाए ,
काश ये पूनम का चाँद–
बादलो में यूँ ही ठहर जाए।
सब अरमान दिल के–
आज़ पूरा करना चाहते है,
प्रियतम के साथ–
हाथों को हाथ में लिए,
चुपचाप बस–
कई लम्हें बिताना चाहते है।
कल चले जाओगे–
दूर परदेस में–
मन घबरा जाता है ये
अचानक सोच कर–
कैसे रोकें इन बहते अश्कों को,
जो टपक जाते है
बिदाई का मंजर यादकर।
कैसे समझायेंगें कल इस दिल को!
कुछ नहीं सुनना चाहेगा।
बहुत मनाने पर भी–

चुपके–चुपके आंसू बहायेगा।
और कहेगा–
किसके साथ अपने पल बिताऊं!
उफ! आज से मै कितना अकेला हूँ।
पर–
कितनी हसीं और सुहानी
आज की ये बेला है।

Komal

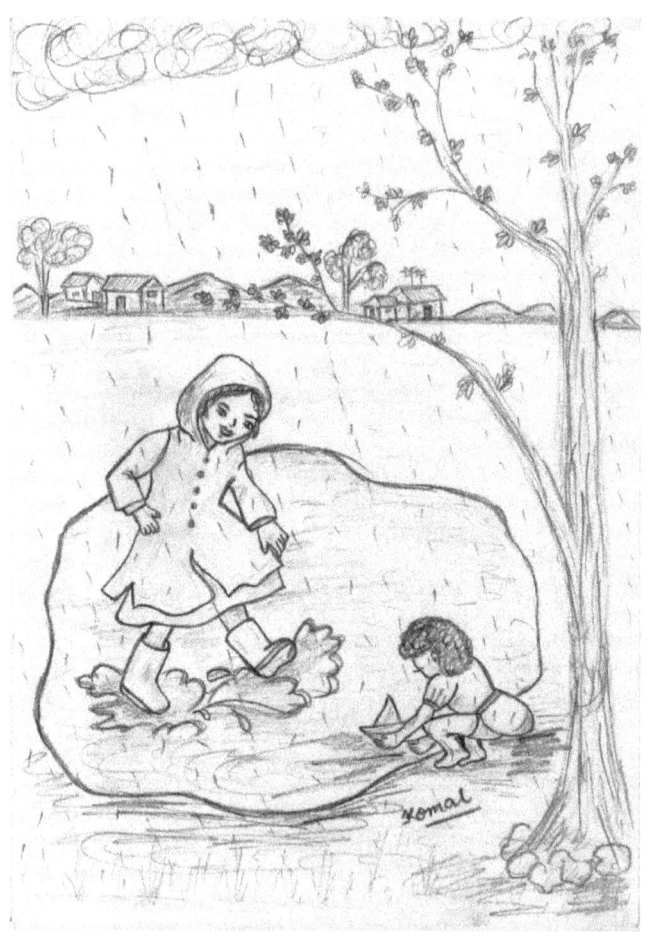

14 बूंद का वादा

आज—–
सुनहरी सुबह मे एकाएक—
बिजली खिलखिलाई—,
बादल देखो जोर से गड़गड़ाये,
नीरद ने झमझम फुहार भरी
औरं—––
पवन झूम कर लहराये।
खिलखिलाती हुई बारिश की बूंदे—
नीचे इकठ्ठी हो उदास हो गई—
झूमती नाचती—
हाथों मे हाथ लेकर आई—–
पर ये क्या,
धरा पर इकठ्ठे होकर—–
अचानक शान्त सी हो गई
उनके बहुत करीब जाकर—
उनकी व्यथा जानी—
उन्हें प्यार से सहलाकर—
बूंदे अनमने मन से बोली—
अब कोई—
कागज की नाव नहीं बनाता—
छप छपाक छप बोलकर—
कोई हमारे संग नहीं खेलता—

सुना है–
नाव बनाने वाले बड़े हो गए है
हम संग कोई खेलता नहीं –
सब अपने में मशगूल हो गए है
मन ने हमें झकझोरा––
दिल हाथ थामकर एकाएक मुस्कराया,
उसने यादों का दरवाजा खटखटाया,
धीरे से गुनगुनाया–––
चलो न एक बार फिर–
हम बच्चे बन जाए
इन शांत बूंदो में–
फिर से कागज की नाव लहराए–––
अठखेलियां खेलते हुए
इनके साथ–
छप छपाक छप कर जाए
नाव का मधुर स्पर्श पाकर–––
बूंदे खिलखिलाकर मग्न हो गई–
छप छपाक छप खेलते खेलते
थककर धरा में समा गई–––
कल फिर आऊँगी, तुम भी आना
ये वादा दिला गई

Komal

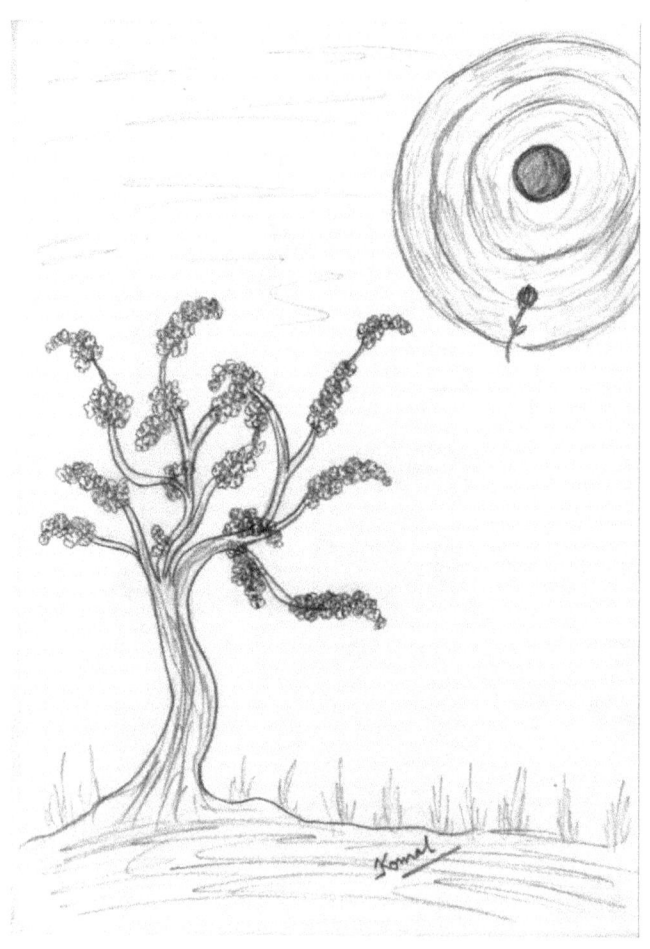

15 अधूरा सफर

एक अधखिला फूल—
हँसते गाते तय कर रहा था,
अपना सफर इस मधुबन में,
खुशबू बिखेरूँगा, चहकूंगा चहुँ ओर,
खुश हो रहा था इसी उमंग में।
बनूँगा सहारा अपने दरख्त का—
बस यही एक चाह थी,
उस फूल के मन में।
पर न हुआ उसका ये सपना पूरा,
आई एक तेज आंधी—
रह गया—
मँझदार में उसका सफर अधूरा।
टूट कर बिखर गया—
हम और तुम को छोड़कर,
दूसरी ही दुनिया में चला गया।
फिर भी खुश हूँ मैं उससे—
न महक सका इधर तो क्या,
महक रहा हैं उधर—
सुन्दर फूल बनकर।
मेरी ये आरजू हैं—
फूल से वह सितारा बन जाए—
सितारें से चाँद बनकर —
फिर पूरे जग में उजाला फैलाये ..

Komal

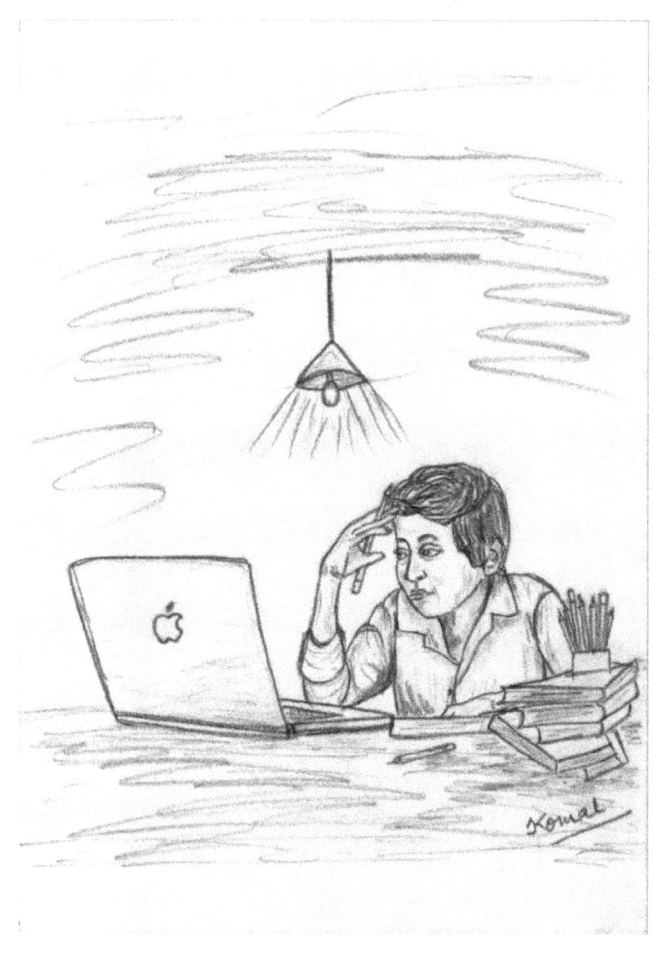

16 मेरा बचपन

क्या वो मेरा बचपन था!
कल तक—
मैं कितना मजे में रहता था,
हर वक्त मस्ती छाई रहती थी,
और—
कम्प्यूटर पर जानवरों में रंग भरता था।
मछली जल की रानी—
या
हाथी, बंदर की कवितायें कहता था।
और दिन—भर...
शिन—चैन या मिकी माउस—
टेलिविज़न पर देखता था।
क्या वो मेरा बचपन था!
पर आज—
हर वक्त व्यस्त रहता हूँ,
मस्ती के साथ भी—
गणित, विज्ञान और
हिन्दी के बारे ते सोचता हूँ।
जानवरों को रंग भरने के बजाय—
कम्प्यूटर पर होमवर्क करता हूँ।
हाथी, बंदर सब छूट गये
बस—

पहाड़े, निबंध और–
कविताओं को ही रटता हूँ!
कहॉं खो गया मेरा बचपन–
बस अब यही सोचता हूँ!
क्या वो मेरा बचपन था!

www.ingramcontent.com/pod-product-compliance
Lightning Source LLC
LaVergne TN
LVHW061622070526
838199LV00078B/7390